I. S. B. N. 2 - 8001 - 0090 - 7

DUPUIS

MARCINELLE-CHARLEROI / PARIS / MONTREAL / BRUXELLES / SITTARD

...NONNONNON, GASTON LAGAFFE ! VOUS N'ÊTES PAS ENRHUMÉ AU POINT DE RESTER CHEZ VOUS CET APRÈS-MIDI...

M'ENFIN, PRUNELLE ! SI JE NE ME SOIGNE PAS, CE RHUME VA S'AGGRAVER... SNIF...

CE QUI S'AGGRAVE, ET QUI EST D'AILLEURS CHRONIQUE, C'EST LE COURRIER... **EN RETÁÁRD**

DIS, PRUNELLE, ON VIENT DE TÉLÉPHONER... MA TANTE HORTENSE EST TRÈS MALADE... FAUDRAIT QUE J'AILLE LA VOIR... CET APRÈS-MIDI...

LA PAUVRE FEMME ! ENCORE UNE CRISE ?!?

...ET LES MÉDECINS NE VOIENT TOUJOURS PAS CE QU'ELLE A ?... EH BIEN, MOI, J'AI MON IDÉE, MOI, GASTON...

...VOTRE TANTE EST **ALLERGIQUE AU FOOTBALL ET AU RUGBY !** OUI ! CHAQUE FOIS QU'IL Y A UN MATCH INTERNATIONAL, ELLE FAIT UNE RECHUTE !...

646A

...AU FOND, CE N'EST PAS SI GRAVE. IL VAUT MIEUX QUE VOUS N'ALLIEZ PAS RISQUER DE LUI PASSER VOTRE RHUME...

L'APRÈS-MIDI.

MAIS... QU'EST-CE QUE VOUS FAITES LAGAFFE ???

AAAH ?...EUHÉÉÉ BEN, JE...C'EST POUR MON RHUME... DES INHALATIONS... UN NOUVEAU SYSTÈME...ÉLEC-TRIQUE...

ET IL MARQUE ! C'EST UN BUT MAGNIFIQUE !...

MONTREZ VOIR CE SYSTÈME...

HIHIHI ! QUI VOUS A PRÊTÉ CETTE JOLIE TV PORTATIVE ?... MAIS DITES DONC, C'EST UN BEAU MATCH !

NONON, GASTON ! NE VENEZ PAS NOUS COLLER VOTRE RHUME...

M'ENFIN !

LE BUT CHAUFFE...

ATTENTION ! IL VA TIRER...

ÇA, C'EST UN PENALTY !

645B

ZUT ! MON KLAXON EST CALÉ ! ...

ALORS ! NOUS DIRONS POUR COMMENCER : USAGE INTEMPESTIF DE L'AVERTISSEUR DANS UNE AGGLOMÉ...

BIN, SOYEZ CONTENT : MES FREINS, CE MATIN, UNE FOIS ILS VONT, UNE FOIS ILS NE VONT PAS...

MERCI ! CE SERA LE NUMÉRO DEUX : FAIT CIRCULER UN VÉHICULE DONT L'INSTALLATION DE FREINAGE UNE FOIS ELLE VA, UNE FOIS ELLE NE VA PAS...

546 A

ET ÇA, QU'EST-CE QUE C'EST ? HMM ? C'EST MON NUMÉRO TROIS ! HIHI ! INTERDIT DE STATIONNER...

'FAUDRA ATTENDRE QUE LA BATTERIE SOIT PLATE...

ARRÊTEZ CET AVERTISSEUR !

'PEUX PAS, C'EST TROP CHAUD, ET JE NE VOIS PAS LES FILS DANS CETTE FUMÉE ...

QUATRE ! REFUS D'OBTEMPÉRER...

À PROPOS ! PAS ENTENDU PARLER DES LOIS SUR LES FUMÉES, ÉMANATIONS, POLLUTION ATMOSPHÉRIQUE ET TOUT ÇA, HMM ? HMM ? ÇA NOUS FAIT CINQ...

ET SIX : **TAPAGE NOCTURNE !**

M'ENFIN ?! À CETTE HEURE-CI ?

'PAS MA FAUTE SI LE SOLEIL S'EST COUCHÉ SI TÔT AUJOURD'HUI ...

546 B

QU'EST-CE QU'IL VIENT TRAFIQUER PAR ICI, CELUI-LÀ ?

...C'EST ÇA ! OÙ S'ARRÊTE À CÔTÉ DES SAPINS, HMM !

CHAQUE ANNÉE, AVANT NOËL, IL Y A TOUJOURS DES MALINS QUI SE DISENT QUE LES SAPINS, C'EST MOINS CHER ICI QUE DANS LES BOUTIQUES ...

...ILS SONT DEUX, ET ILS ONT UNE HACHE EMBALLÉE DANS DU PAPIER, HMM !

...OUI, M'OISELLE JEANNE, UNE IDÉE POUR NOËL ...

JE M'EN VAIS TE LES COINCER, MOI !

542A

...C'EST UNE SURPRISE...MAIS VOUS, JE VOUS METS DANS LE SECRET, LOIN DES OREILLES INDISCRÈTES ...

OH! MONSIEUR GASTON ! NE ME FAITES PAS MOURIR D'IMPATIENCE !/...

...J'AI INVENTÉ CET INSTRUMENT SPÉCIALEMENT POUR ACCOMPAGNER LES CHANTS DE NOËL À LA FÊTE DU BUREAU ...

QUEL ARTISTE VOUS FAITES !

...IL EST BASÉ SUR LES MÊMES PRINCIPES QUE MA GRANDE HARPE, RAPPELEZ-VOUS : CELLE QUE CES SOTS APPELAIENT LE GAFFOPHONE ...

AH, BON ! C'EST UNE SÉRÉNADE ...HÉHÉ ! JE SUIS TRANQUILLE : PAS DE DANGER POUR LES SAPINS ...

PIOUIIIIINGTRRRRR

542B

PRUNÈÈELLE LEBRÄÄC

...TU SAIS, MOI, DE CES JOURS-CI, LE GASTON LAGAFFE, **JE L'AI ASSEZ VU!**

BAAAH, QUOI, VIENS... VOILÀ DIX MINUTES QU'IL NOUS APPELLE...

...JE CROIS QU'IL VEUT NOUS MONTRER QUEL-QUE CHO...

??

AH! ALORS, LES GARS, JE VOUS SERS UNE BIÈRE?
...

...JE VIENS DE DÉCOUVRIR LE SECRET QUI REND INVISIBLE! ÇA S'ARROSE...

GLOU GLOP

JE NE MARCHE PAS! 'Y A UN TRUC... JE L'AI VU TOUT DE SUITE!

ET TOI, PRUNELLE, TU AIMES BEAU-COUP DE MOUSSE?

LAGAFFE, **OÙ ÊTES-VOUS??**

549 A

LAGAFFE EST ICI! HIHIHI! EH BEN?...IL EST BIEN AU POINT, MON PETIT NUMÉRO, QUOI? QUOI?
...

..; LE TRUC? C'EST SIMPLE: DES FILS DE NYLON SI FINS QU'ON NE LES VOIT PAS...

..; LE PLUS DUR, C'A ÉTÉ DE FABRIQUER UN FAUX PLAFOND ASSEZ SOLIDE...

CE TYPE EST TOMBÉ SUR LA TÊTE
...

CRAC

D'AILLEURS, IL REMET ÇA!

BCM

BEN! QUESTION D'ACCIDENTS DE TRAVAIL, J'AURAI EU MA PART, MOI!...

'PPAA! REGARDE CES DEUX-LÀ! ILS ENLÈVENT L'HOMME INVISIBLE!

549 B

FRANQUIN

'FALLAIT VRAIMENT QUE VOUS VENIEZ JUSQU'ICI POUR ESSAYER VOTRE...VOTRE MACHIN ! ...

'BEN, JE ME SUIS DIT : FANTASIO A TOUJOURS APPRÉCIÉ LA BELLE MÉCANIQUE... ET PUIS ICI, Y A BEAUCOUP DE NEIGE...

CROTCH
CROTCH
CROTCH

...PARCE QUE REGARDE. C'EST UN CHASSE-NEIGE ADAPTABLE AUX VOITURES PARTICULIÈRES... MAIS ÇA NE RESSEMBLE PAS AUX AUTRES CHASSE-NEIGE...

LÀ, D'ACCORD ! ÇA NE RESSEMBLE À RIEN...

...CHEZ MOI, LA NEIGE EST ASPIRÉE DANS DEUX BUSES QUI LONGENT LE MOTEUR, ET GRÂCE À LA CHALEUR, EN DEUX SECONDES, PFFFWIT, ÉVAPORÉE...

JE M'ÉTAIS CEPENDANT BIEN JURÉ DE NE JAMAIS REMETTRE LES PIEDS DANS...

TAIS-TOI, SOT ! UNE BELLE INVENTION NE PEUT PAS TE LAISSER FROID...

VRRR RAHRAH

EN EFFET, LA NEIGE EST ASPIRÉE !!

ELLE ENTRE À FLOTS PAR LES TROUS DU CHAUFFAGE...

M'ENFIN?

MAIS ARRÊTEZ DONC CE BIDULE, MILLE...

JE VEUX BIEN, MOI, MAIS LA NEIGE A CALÉ L'ACCÉLÉRATEUR ET LE ...LE...

551A

...ET JE N'ARRIVE PLUS À OUVRIR CETTE...

RRRAAH !

AU SECOU' BBLBLL GARGL

DITES !! Y A UNE VIEILLE BAGNOLE QUI S'ARRÊTE DANS LA COUR, ET REGARDEZ C'QU'ON TROUVE DEDANS...

TOUCHE PAS, C'EST FROID...

AH ÇA, HÉHOO ! DANS L'TEMPS, LES AUTOS, C'ÉTAIT PAS BIEN CHAUFFÉ COMME MAINT'NANT...

AMENEZ-LES PRÈS DU FEU, ON VA LES DÉGELER...

C'EST ÇA ! ET ILS VONT FONDRE ET ME FAIRE DES FLAQUES D'EAU PARTOUT !!

551B

...POPOMM POPOMM...

HMMMUH! HMMPHH

HUMMMPH ARRGNNH!

LAGAFFE! QU'EST-CE QU'ELLE A, VOTRE PORTE?

VOUS VOUS PRÉTENDEZ BRICOLEUR? EH BIEN, IL Y A LÀ UN PETIT BOULOT À FAIRE D'URGENCE...

JE VAIS T'EXPLIQ...

BOM

ÇA TE FATIGUERAIT BEAUCOUP DE METTRE QUELQUES GOUTTES D'HUILE À CETTE PORTE?

ÉCOUTE...

DITES! SI ON ACHETAIT DEUX NOUVELLES CHARNIÈRES POUR CETTE PORTE, CE NE SERAIT PAS DE L'ARGENT JETÉ!...

HOOHOO! CALMEZ-VOUS, LES GARS! UNE FOIS DE PLUS, VOUS N'AVEZ RIEN COMPRIS... C'EST UNE EXPÉRIENCE POUR UTILISER L'ÉNERGIE DES MILLE GESTES MACHINAUX...

...QUE NOUS FAISONS, TOUS LES JOURS, DANS CE BUREAU!... GRÂCE À UN INGÉNIEUX MÉCANISME, CHAQUE FOIS QU'UN DE VOUS ENTRE ICI...

...IL ME PRESSE DEUX ORANGES, MOUD VINGT-CINQ GRAMMES DE CAFÉ ET IMPRIME UN PORTRAIT DE MOI, QUE J'ENVERRAI À UN PETIT LECTEUR...

COÏNCIDENCE: AU MOMENT MÊME OÙ JE SUIS SORTI DE MES GONDS, LA PORTE EST SORTIE DES SIENS...

M'ENFIN!?

554 B

COMMENT !?...IL NE T'A PAS APPORTÉ LES TEXTES URGENTS À ILLUSTRER ?!...MAIS QU'EST-CE QU'IL ME F....?

...PAR EXEMPLE, QU'EST-CE QU'IL TRAFIQUE EN CE MOMENT MÊME, HMM ?... JE VAIS LUI TOMBER DESSUS...

...À L'IMPROVISTE...

C'EST QUOI, ÇA? AÂÂH

M'ENFIN !... JE FAIS UN TRAVAIL DE PRÉCISION, ET TU...

EH BIEN, DORÉNAVANT, CE SERA DU **TRAVAIL DE BUREAU!**

BOOOH ! TU SAIS COMME ÇA VA... C'EST CONNU: JE SUIS TRÈS FORT EN MÉCANIQUE, ÉLECTRONIQUE ET TOUT ÇA... ALORS ON M'APPORTE DES MACHINS À RÉPARER...

...OUI, MAIS ICI, C'EST PAS UNE CLINIQUE POUR VIEUX BIDULES... **EN AVANT!**

'TENTION ! C'EST LE TRANSISTOR DE BERTRAND...JE DOIS LE REMONTER...

ALLEZ, **HOP!** PRRRTS...

DOUCEMENT, HÉHOOO! C'EST LE RÉVEIL DE JULES-DE-CHEZ-SMITH-EN-FACE...UN SOUVENIR DE FAMILLE !

ATTENDS !... TROIS MINUTES... DONNE-MOI TROIS MINUTES... ET JE TERMINE TOUT LE TRAVAIL... O.K.?

OUAISMAIS !... NE M'ÉNERVE PAS, HMM...

...PREMIÈRE LESSIVE AUX ENZYMES...COUÏC- RRIQUITÂÂ JOLIE FLEUR DE JÂÂVA

...JE LUI AI FAIT ÉVACUER TOUS SES BIDULES, SES BRICOLAGES, SA CUISINE... IL N'A PLUS, DANS SON BUREAU, QUE DES INSTRUMENTS DE TRAVAIL...

...ET JE PASSE RÉGULIÈREMENT VOIR S'IL NE DORT PAS...EH BIEN, MON VIEUX, **IL NE FAIT RRRIEN!**

EUH...JE...JE NOTE L'ADRESSE...C'EST ÇA... OUIOUIOUI...NOUS VOUS ENVERRONS DEMAIN LE CATALOGUE ILLUSTRÉ... À VOTRE SERVICE...VOILÀVOILÀ...

BAH! TU VOIS BIEN QU'IL TRAVAILLE...

MMOUAIS...

MAIS JE TRAVAILLE, JE TRAVAILLE, ET J'OUBLIE L'HEURE, MOI...ATTENDEZ, JE SORS AVEC VOUS...

AH, MAIS! JE N'AI PAS TÉLÉPHONÉ À LOULOU...

GASTON LAGAFFE! VOUS ÊTES ACCUSÉ D'AVOIR TRAFIQUÉ VOTRE TÉLÉPHONE AFIN D'AGRÉMENTER CLANDESTINEMENT VOS LONGUES HEURES DE PARESSE!...

BIN OUI...J'AI REMPLACÉ L'INTÉRIEUR PAR UN TRANSISTOR...REGARDE LE CADRAN... TU FAIS LE 1 POUR EUROPE 1, 2 POUR RTL, 3, C'EST FRANCE-INTER, 4, LA RTB, ETC... EUH...AVOUE QUE C'EST INGÉNIEUX, NON?

PFFFP HIHIHI

...QU'EST-CE QUE TU RACONTES? C'EST UN COUP DE TÉLÉPHONE QUI T'A MIS DANS CET ÉTAT ?!?

..C'EST LE GARS IDÉAL SUR QUI ESSAYER CETTE FARCE... IL DOIT ÊTRE DANS LE QUARTIER...

HIHI! LE VOILÀ... JE VAIS ME POSTER SUR SON CHEMIN...

...MÊLE-TOUT COMME JE LE CONNAIS, IL VA CERTAINEMENT...

DITES! JE N'AIME PAS BEAUCOUP QUE VOUS MANIPULIEZ, SUR LA VOIE PUBLIQUE, DES INSTRUMENTS QUI, DANS VOS MAINS, NE DEMANDENT QU'À DEVENIR CONTONDANTS...

'FAUT PAS UN PORT D'ARME POUR JOUER AU BILBOQUET, NON?

...VOUS N'AIMEZ PAS LES JEUX D'ADRESSE? TROP DIFFICILE, HMM?

DIFFICILE POUR UN CIVIL! NOUS, DANS LA POLICE, NOUS SOMMES ROMPUS À TOUS LES SPORTS...

OUAIS, MAIS LE BILBOQUET, 'FAUT ÊTRE DOUÉ...

ON VA VOIR

ÇA MARCHE! 'VAUT MIEUX PRENDRE UN PEU DE RECUL...

556A

EH BIN, C'EST UNE BONNE IDÉE DE REMPLACER LA FICELLE PAR UN ÉLASTIQUE! HIHI! ON VA VOIR LE SPORTIF...

BIJOUX-ORFÈ

diam PANG

OOOUIIIN

OOOUIIIIIIIIN PINPON

VINGT-DEUX! V'LÀ LES COPAINS...

ILS SONT PARTIS PAR LÀ! L'UN DES DEUX EST DÉGUISÉ EN AGENT DE POLICE...!

557B

PRENDS PATIENCE... IL FAUT ENCOURAGER LES BEAUX-ARTS... ET PUIS IL S'AMUSE TELLEMENT... ...

QUEL TALENT, MONSIEUR GASTON!

...ET CE DESSIN URGENT. IL DOIT ÊTRE LIVRÉ QUAND?

AVANT-HIER, DERNIER DÉLAI...

THÉÂTRE GASTON ♥

PSSST, PRUNELLE! HÉHOO! ALERTE: DE MESMAEKER VIENT D'ARRIVER...

OHLÀLÀÀÀ!

CHHHT.

MAIS IL TOMBE PILE!!! LE LAGAFFE EST BIEN TROP OCCUPÉ POUR VENIR SABOTER NOS PETITES AFFAIRES!

YOUPIIIIE! POUR LES CONTRATS, C'EST LE JOUR J!

?

PAR ICI, CHER MONSIEUR DE MESMAEKER ...

...CES BRUITS ÉTRANGES? OH! VOUS ALLEZ RIRE: C'EST UN DE NOS COLLABORATEURS QUI NOUS DONNE UNE SÉANCE DE MARIONNETTES... OUI, HIHIHI! UNE PETITE DÉTENTE...

TIENS! DES MARIONNETTES?

RRRAAH

J'AIME BIEN LES MARIONNETTES!

ARROAHRE

DITES, IL Y A UN FAUVE DANS CETTE SCÈNE!... C'EST UN LION?

AH! JE NE CONNAIS PAS LA SUITE DU PROGRAMME...

...MAIS CE DOIT ÊTRE UN ANIMAL DRÔLEMENT FÉROCE... JE PENCHE POUR UN RHINOCÉROS...

RRROOH

OHOOO! L'ABOMINABLE HURLEMENT! JE PARIE POUR UNE SORTE DE DINOSAURE ...

EN TOUT CAS, C'EST QUELQUE MONSTRE HIDEUX, C'EST CERTAIN!

RAAHR

C'EST PLUS FORT QUE MOI, IL FAUT QUE JE VOIE ÇA...

...EH BIEN, VOS CONTRATS, VOUS LES PRENEZ, VOUS LES ROULEZ, ET VOUS VOUS FAITES DES PAPILLOTES POUR FRISER...

RRRAAAHH

THÉÂTRE GASTON

...CET HOMME EST UN MONSTRE!!

?

THÉÂTRE GASTON

ÇA DOIT CESSER ! JE VAIS UTILISER LA PSYCHOLOGIE ...

LAGAFFE VOUS NE FAITES RIEN !

GASTON, VOTRE CONSCIENCE NE VOUS FAIT-ELLE PAS D'AMÈRES REPROCHES ?...SI MONSIEUR DUPUIS SAVAIT ÇA, COMME IL SERAIT TRISTE !...

TOMP TOMP TOMP !

BEUH ?

...IMAGINEZ-LE, SES GRANDS YEUX PLEINS DE LARMES ...

...ET CE COURRIER EN RETARD ! PENSEZ À TOUS CES JEUNES LECTEURS QUI NOUS ONT ÉCRIT GENTIMENT...

559 A

... JE LES VOIS D'ICI, COURANT À LA RENCONTRE DU FACTEUR, ET LUI TENDANT LEURS MAINS ROSES...

...MAIS IL N'A RIEN POUR EUX, ET, LEURS PETITS CŒURS GONFLÉS DE DÉCEPTION, ILS LE VOIENT DISPARAÎTRE À L'HORIZON... SNIF ...

SNIF...

LE LENDEMAIN MATIN...

RRRÔ PFFFFUIII

BEUH ! C'EST TA FAUTE ! CE QUE TU M'AS DIT HIER SOIR M'A TELLEMENT TOURMENTÉ QUE JE N'AI PAS FERMÉ L'ŒIL DE LA NUIT ...

559 B

SCEN.: Li

JE SUIS VENU VOUS APPORTER DU COURRIER, MAIS JE CROIS QUE C'EST INUTILE...

...QUAND ON VOUS VOIT CET ŒIL EXPRESSIF, ON PEUT ÊTRE CERTAIN D'ENTENDRE DES RONFLE-MENTS DANS LES CINQ MINUTES...

ICI, À SPIROU, VOUS NE M'AVEZ JAMAIS COMPRIS ...

...ON DIT QUE JE DORS... D'ACCORD!... MAIS C'EST POUR ME CONCENTRER... ÇA CONTINUE À TRAVAILLER, ICI DEDANS...

...ET QUAND JE ME RÉVEILLE, JE SUIS DANS UNE FORME DU TONNERRE!... TOUTES MES INVENTIONS ET MES IDÉES POUR LE BUREAU SONT VENUES COMME ÇA!...

...'SUFFIT QUE JE DORME DIX MINUTES... J'OUVRE L'ŒIL, ET **BOUF! J'AI UNE IDÉE!**

560 A

...JE SUIS PRÊT À FAIRE L'EXPÉRIENCE QUAND TU VEUX...

DEUX HEURES...

RÔÔÔ ZZZ

... PLUS TARD ...

VOILÀ UNE BONNE IDÉE! C'EST BIEN PLUS CONFORTABLE AVEC UN COUSSIN...

RÔÔ FZZZZ

560 B

TIENS! GABTON-DE-CHÉZ-SPIROU-EN-FACE...

HOOO! JULES, VIENS VOIR, TU VAS RIRE ...

...DES BIDULES TÉLÉPHONIQUES D'OCCASION... QUE JE VAIS TRANSFORMER EN FARCES-ET-ATTRAPES POUR MES CHERS COLLÈGUES...

...ICI, UNE SIMPLE FICELLE QUI SE TEND QUAND ON DÉCROCHE... À CE MOMENT, ELLE LIBÈRE UN RESSORT...

...QUI VIENT DÉCLENCHER, DANS L'ÉCOUTEUR...DEVINE QUOI... UN Bzzzz...BzzzBzzz

HIHIHI! ILS ONT DE LA CHANCE DE T'AVOIR, DANS CES BUREAUX, POUR QU'ON RIGOLE UN PEU...

VOIAAAALÀ! MAINTENANT FAUTATTENDRE QUE QUELQU'UN TÉLÉPHONE...

561A

DRRRRRRiiing

ÇA N'A PAS TRAÎNÉ!...

ALLOOO? LE JOURNAL DE SPIROU VOUS DIT BONJOUR...

CLIC

PANG

OHOAAH! CES PETITS PÉTARDS SONT ENCORE PLUS FORTS QUE JE NE CROYAIS! ÇA SE PERFECTIONNE, LES PÉTARDS!!

ARRÊTE-LE! IL NE VEUT RIEN ENTENDRE!!

NON, PRUNELLE! IL FAUT UN LONG ENTRAÎNEMENT POUR FAIRE UN COSMONAUTE

IL FAIT LA SOURDE OREILLE ...

561B

DE MESMAEKER VIENT À QUATRE HEURES... ALORS **VOUS**, VOUS ÊTES EN CONGÉ, ET VOUS PARTEZ LOIN, LOIN, TRÈS LOIN D'ICI ! AU REVOIR !

ILS COMMENCENT À M'ÉNERVER, PRUNELLE ET LES AUTRES !... ON DIRAIT VRAIMENT QUE C'EST MOI QUI SABOTE LES CONTRATS !!

...MAIS JE VAIS ME PAYER LEUR TÊTE !... SI VOUS VOULEZ BIEN ME DONNER UN COUP DE MAIN ...

BIN ! ON M'AURAIT DIT QUE JE LE VENDRAIS UN JOUR !

A L'OKKAZE

JE VEND J'ACHAITE TOUTS

AU BUREAU, LES GARS.

BON ! ON L'INSTALLE .....

PPPFFFOUH ! C'EST DUR ...

MMMUHH ! IL Y A UN BOUT DE TEMPS QU'ON NE L'A PLUS DÉROULÉ ...

OUAIS, UN SIÈCLE OU DEUX... 'FAUDRA LE FIXER AU SOL ...

...GROUILLE ! IL EST PRESQUE QUATRE HEURES...

QUELQUES BONS CLOUS ENTRE LES DALLES, ET ÇA DOIT TENIR...

UN TAPIS ROUGE !?

SI APRÈS ÇA ON M'ACCUSE ENCORE DE FAIRE RATER LEURS CONTRATS... ...... ?

...ILS EN FONT TROP... IL S'AGIT QUE J'OUVRE L'ŒIL POUR NE PAS ME FAIRE ROULER...

Franquin

RÄÄHRÄÄH PETT PAF POUF!

AH! J'ENTENDS LA ROLLS DE NOTRE AMI LAGAFFE...

...QUI SE REND AU BUREAU...

TCHITCHI TCHI!

PIIP TCHITCHI!

RITCHITCHI

?

PETT

PAF

TRRICVII TCH TCHIII!

PIIPTCHII

CRITCHII TCHII TCHITCHI

?

SPIP EDITIONS

CRITUIIP TWIIIP

PIPUIIP

TCHIIP

BURP

CRRITCHIII TCHIII !! CUIIP

5B3A

CRATCHII TCHIIP

CUITCHIIP

ALLO? JE NE VOUS ENTENDS...

RRITCHI TCHIIIP

CRIII TCHIII

PIIIP TCHIII

...JE N'AI PAS L'HABITUDE DE SIGNER DES CONTRATS **DANS UNE VOLIÈRE !!**

PITCHIIP

COMME C'EST CHARMANT! JE SUIS SÛRE QUE C'EST ENCORE UNE IDÉE DE MONSIEUR GASTON ...

ÉVIDEMMENT. C'EST LAGAFFE QUI NOUS A AMENÉ ÇA, *@#!*!

PERSONNE N'A UNE CARABINE, ICI??

N'EN LAISSE PLUS RENTRER, PRUNELLE...ILS SONT TROP IMPATIENTS ...

...C'EST LEUR MANGEOIRE DU JARDIN DE TANTE HORTENSE... 'FAUT BIEN QUE JE LA REPEIGNE UNE FOIS PAR AN ...

...SÉRIEUSEMENT, FERME LA PORTE...S'AGIT QUE JE PUISSE TRAVAILLER, MOI ...

TCHIPIIP CWIIIP

TCHII TCHIIP

CRITCHII

CUIIP

PIIP

5B3B

GRRDIDJIII !!
J'AI DÉJÀ DIX MINUTES DE RETARD, ET PAS MOYEN DE TROUVER UN TAXI !!

TCHOC

...IL NE RESTE PLUS QU'UNE SOLUTION, LA PLUS NAVRANTE ...

LAGAFFE !
JE VAIS DEVOIR VOUS ARRACHER À VOTRE TRAVAIL ...

Z Z Z ?? MMUHH ?

..VOUDRIEZ-VOUS M'EMMENER À MA RÉUNION, DANS VOTRE... COMMENT DIRAIS-JE ?...DANS VOTRE...VOITURE ?...

D'ACCORD... SUIS-MOI...

...JE VOUS RACHÈTERAI DES BIELLES, S'IL LE FAUT, MAIS GROUILLEZ-VOUS ...

JE DEVRAIS ÊTRE ARRIVÉ DEPUIS UN QUART D'HEURE ! QU'ATTENDEZ-VOUS POUR DÉMARRER HEIN ? HEIN ??

MINUTE LUI N'EST PAS LÀ ...

QUI ÇA, LUI ? QUI ÇA ? RRRAHH

BIN ! REGARDE DERRIÈRE TOI ! DEUX HIRONDELLES ONT FAIT LEUR NID DANS LE COIN, LÀ ...

..JE NE ME DÉPLACE JAMAIS SI LES OISEAUX N'Y SONT PAS TOUS LES DEUX... JE VEUX ÊTRE CERTAIN QU'ILS RETROUVENT LA VOITURE !...AH ! LE VOILÀ ...

PLUS DE VINGT MINUTES DE RETAARD ! OUINN !

...TES RÉUNIONS D'AFFAIRES, ET TOUT ÇA, C'EST TRÈS GENTIL, MAIS FAUT PAS PERDRE DE VUE LES CHOSES IMPORTANTES, QUOI ?/...

C'EST IDIOT... MAIS IL A RAISON ...

BLATZK

PETPETT PAF

...ET POUR LA COULEUR DE PEAU DES PETITS MARTIENS, JE VAIS EMPLOYER CE VERT, TEL QU'IL SORT DU TUBE !/...

ILS SERONT ÉPOUVANTABLES...

DZOÏNNG

POP POP

PWITCH

MAIS... C'EST LE GAFFOPHONE !!

ÉÉÉÉH, OUI !... IL L'AVAIT RÉPARÉ... MAINTENANT IL ESSAIE DE LE RÉACCORDER...

TOÏNGTRRR

...IL VEUT RETROUVER "LES BELLES SONORITÉS D'AVANT"...

...CURIEUX, LES EFFETS DE CERTAINES VIBRATIONS...

BRRRRRROWOLING

565A

TIENS, MAIS ! JAMAIS ENCORE LE PAPIER PEINT NE S'ÉTAIT DÉCOLLÉ DES MURS !...

CWINGTRRRRR

AH LÀ ! C'EST BIEN SON SOL BÉMOL DE NAGUÈRE... MÊME FAÇON DE FAIRE TOMBER LE PLÂTRE...

LAGAFFE, LE PROBLÈME EST DE SORTIR CET INSTRUMENT À LA RUE SANS QUE LES CORDES VIBRENT...

NOUS AVONS UNE SOLUTION...

VOICI COMMENT NOUS ALLONS PROCÉDER...

565B

M'ENFIN !

BOMP BOMP BOMP

HÉÉÂ..ELLE EST MONSTRUEUSE! CE N'EST PAS POSSÍÍÍBLAAÍÍ!

...JE L'AI VUE! ELLE A DES POILS PARTOUT!

CES YEUX! CES YEUX! ÉNORMES!

MAIS ATTENDS·MOI, ALBERT! HÍÍÍÍÍÍ!

MUSCA DOMESTICA! C'EST UNE EXTRAORDINAIRE MUTATION...!

...ET CELLE·CI EST LA PREMIÈRE DE TOUTE UNE INVASION

...C'EST UNE BELLE SALETÉ, OUI!

QU'ALLONS·NOUS DEVENIR?...

RENTREZ VITE, PROFESSEUR...

MAIS REGARDEZ ÇA! ÇA VOUS GLACE LE SANG...

ON DIT QUE ÇA SUCE LE SANG!

AÏEAÏEAÏE! ET MIRZA QUI EST DEHORS!.. AVEC GRAND·PÈRE...

RENTREZ CHEZ VOUS ET FERMEZ TOUT!! OU ELLE VOUS MANGERA!

VITE!

TIRE, LÉON! ELLE NE BOUGE PAS...

...MAIS ELLE NOUS REGARDE ...ATTENDS

...ET SI JE LA RATE, HEIN?..!

C'EST QU'EN UN COUP D'AILE ELLE SERAIT VITE ICI...

PINPON PINPON

...BÔH, DU PAPIER MÂCHÉ, DU BOIS, DU CARTON, DU FIL DE FER, DES POILS DE BROSSE... CE QUE JE TROUVE, QUOI...

JE SUIS CURIEUX DE LA VOIR... C'EST UN GRAND MAGASIN QUI L'A COMMANDÉE?...

...OUI, ILS VEULENT UN ÉTALAGE FRAPPANT POUR LANCER UN NOUVEL INSECTICIDE...

OÂH, DIS ! LUNDI CHEZ TANTE HORTENSE, 'Y AVAIT DU CIRQUE À LA T.V. ...

...J'AI VU UN GARS FAIRE DES TOURS AVEC UN FOUET..., INOUÏ ! UNE PRÉCISION ...

C'EST ÇA...

...ALORS, MOI, J'AI TROUVÉ UN FOUET D'OCCASION CHEZ UN ANCIEN COCHER... TIENS, PRENDS UNE CIGARETTE ...

...METS-TOI DE PROFIL, LAISSE TOMBER CE PAPIER...

OUAI MAIS, HÉ ! JE N'AI PAS LE TEMPS DE JOUER, MOI... JUSTE DEUX SECONDES POUR TE MONTRER UN TOUR...

HÉ, QU'EST-CE QUE TU VAS...

NON, 'BOUGE PLUS ! JE VAIS SIMPLEMENT COUPER EN DEUX...

...CETTE CIGARETTE ...

PFFIOUU
CLAC
AÏE !

HUMUH

D'ACCORD. J'AI LOUPÉ....MAIS FAUT AVOUER QUE TU AS UN DE CES NEZ...

587A

... LÀ ! VOILÀ, C'EST PARFAIT... VOUS N'AVEZ PAS PEUR, M'OISELLE JEANNE ?

OH ! MONSIEUR GASTON ! AVEC VOUS N'IMPORTE QUOI LES YEUX FERMÉS !...

EH BIN, JE VAIS COUPER CE PAPIER EN DEUX ! ATTENTION...

CLAC

ZUT C'EST RATÉ !

NAON ! C'EST RÉUSSI !

CON   TRATS

587B
IDÉE = BIBI

EH.BIN,ÇA, TECHNIQUEMENT, J'EN SUIS FIER !

DIS, PRUNELLE...TU SAIS, CES BOMBES PARFUMÉES QUI RAFRAÎCHISSENT L'ATMOSPHÈRE, HMM ?...

...J'AIME BIEN, MAIS C'EST TOUJOURS LES MÊMES PARFUMS : SENTEUR DES PINS, MIMOSA...MUGUET... ORANGE...BOUQUET CHAMPÊTRE...C'EST BANAL, QUOI...

...MAIS MOI, J'AI INVENTÉ L'ATMOSPHÈRE PER·SON·NA·LI·SÉE ! JE PEUX COMPOSER UNE BOMBE PARFUMÉE SUR MESURE POUR LES GOÛTS DE CHACUN ! TIENS : LA PREMIÈRE, C'EST...

...UN MÉLANGE SUBTIL POUR MON BUREAU... TU VAS ME DONNER TON AVIS ...

SNIF ! SNIF ! C'EST INFECT ...

PUF   PRITCH PUF
PUF

PLOPTOPLOPTOPLOP PLOPTOP PLOP BOUMBOM TOCLOPTOP PLOPTOP TOCLOP

MAIS QUELS SONT CES BRUITS DANS L'ESCALIER ?

568A

568B

SNIF SNIF SNIF SNIF SNIF SNIF

28

MAIS QUELLE BONNE SURPRISE ! C'EST MONSIEUR DE MESMAEKER... ET DÉJÀ SI ESTIVAL !...

EH BIEN, QUAND J'AI VU LE SOLEIL, CE MATIN, J'AI DÉCIDÉ D'ÉTRENNER MON COSTUME LÉGER...

AH! IL EST TRÈS ÉLÉGANT... ET RELAX, TOUT À LA FOIS...

...PUIS-JE ME PERMETTRE ?...OOOH ! MAIS CE TISSU NE PÈSE RIEN !

AH! ÇA, JE NE LE SENS PAS...ENCORE UNE DE CES FIBRES SYNTHÉTIQUES... C'EST TOUT NOUVEAU...

DE FIL EN AIGUILLE, NOUS EN VIENDRONS AUX CONTRATS... HÉHÉ !

HEUHUMM... VOUS AVEZ DEUX MINUTES ?... JUSTE LE TEMPS...

ROGNNTUDJUU !

MONSIEUR LAGAFFE !

PUF

...D'UNE PETITE DÉMONSTRATION...

569A

...JE ME SPÉCIALISE DANS LA CHIMIE DES PARFUMS EN AÉROSOLS

PUF PUF PUF

... SI VOUS AVEZ DES SOUS À INVESTIR DANS LE LANCEMENT D'UN PRODUIT DANS LE VENT, C'EST LE MOMENT D'AVOIR LE NEZ CREUX...

SENTEZ-MOI CECI... JE VOUS PROMETS...

PUF PUF SPROTH PUF

...QUE ÇA VA VOUS RAFRAÎCHIR !...

PUF PUF PUF

CRITCHiiii

HOUWAAH ! SURTOUT HOUHOU N'ALLEZ PAS CROIRE QUE JE RIS ! C'EST NERVEUX HAHAAA !

569B

OH! IL N'Y A PAS QUE LES GAFFES DE GRANDE DIMENSION! AVEC GASTON, LE PÉPIN QUOTIDIEN NOUS EST GARANTI!... IL Y A...

...IL Y A QU'IL EST PRIS PAR LE DÉMON DE LA VITESSE ET QU'IL A JURÉ DE FAIRE LE TOUR DE L'ÉTAGE EN MOINS DE VINGT SECONDES ...

WOUF!

...IL Y A LA FAÇON DONT IL MANIE CERTAINS OBJETS ...SES PIQUETS DE TENTE, PAR EXEMPLE...

...ET SI JE VOUS LE DISAIS TOUT BAS, DANS LE CREUX DE L'OREILLE?

MMM...DITES TOUJOURS...

OUAAAH!

...IL Y A QU'IL ENTRETIENT LE MATÉRIEL...

ROGNTUDJUUU!!

...BIN, JE NE L'AI PAS VU... MAIS QUAND TU SAIS QUE JE VAIS REPEINDRE LE PORTEMANTEAU, POURQUOI LAISSES-TU TON VESTON??

JE VAIS LE LUI LAVER ...

Z'AURIEZ PU ENLEVER LE PORTEFEUILLE!!!

...IL Y A SES SPÉCIALITÉS CULINAIRES ...

VENEZ VOIR LES GARS! JE FLAMBE LES CRÊPES...

WOUF

TIENS! JE NE SAVAIS PAS QU'ON FLAMBAIT LES ANDOUILLES...

PRUNELLE, J'AI DÉCIDÉ DE FAIRE DU SPORT...

QUELLE COÏNCIDENCE! MOI AUSSI, J'AI DÉCIDÉ QUE VOUS ALLEZ...

...FAIRE DU SPORT!... PREMIÈRE ÉPREUVE: METTRE DE L'ORDRE ICI! DONNEZ-VOUS À FOND! ATTENTION... PAAARTEZ!

TIENS! MA BELLE BOULE DE BOWLING... C'EST DOMMAGE, JE NE L'UTILISE PAS SOUVENT...

LE PLAFOND!?!

BOM

BOM

C'EST COMME À SAN FRANCISCO EN 1906!...

SA BOULE DE BOWLING!... DEVINE CE QU'IL A FAIT DE SA BOULE DE BOWLING!...

BOM

UN BILBOQUET! FAUT L'ARRÊTER...

ATTENTI' AÏE!

...VOICI UN SPORT QUI VA ME FAIRE GONFLER LES BICEPS, LES GARS!

HUMMPH!

...MAIS POURQUOI, POURQUOI SE CASSER LA TÊTE POUR TROUVER DU NOUVEAU?...

GAW GAW
ZOUU!
GAW
HOP! HOP!
GAW GAW
ET ZOU!
GAW GAW
ET HIOP

TIENS !? J'ENTENDS LA VOIX DE GASTON ET LES BRUITS D'UN TRAVAIL DE BUREAU QUE JE N'IDENTIFIE PAS...

HOP

CUICUICUI, JE SUIS ZOISEAU ! ...

!

GAW GAW GAW GAW

DITES DONC, LES MERVEILLEUX FOUS VOLANTS !...

EUH !..TU VOIS ? C'EST UN TRAMPOLINE QU'ON A TROUVÉ D'OCCASION...

GAW GAW

POURRIEZ VOUS ARRÊTER QUAND ON VOUS PARLE...

TOC

..VOUS, VOUS ÊTES JULES-DE-CHEZ-SMITH, HMM ?? POURQUOI N'ÊTES-VOUS PAS EN FACE ?

JE SUIS EN CONGÉ POUR SURMENAGE...

574AL

AH, MAIS ! JE M'EN VAIS VOUS FAIRE FAIRE UN TRAVAIL UTILE ! PAR ICI...

EUH...MOI, JE N'AI PAS LE TEMPS... JE NE FAISAIS QU'UN SAUT...

...VOUS SAVEZ, LAGAFFE, LE MUR QUE VOTRE GAFFOPHONE AVAIT CASSÉ...

...LE PLÂTRE A ÉTÉ REFAIT, ET VOUS ALLEZ ME LE REPEINDRE, DEUX COUCHES ET SANS BAVURES ! HOP ET ZOUU...

ET HOP GAW
GAW ZOUUU GAW
HIHIHI
ROGNTUDJUU!
GAW

ET ZOUUU HAHAHA !

HOP ZOUU

HOP

HIHIII

'TENTION, JE PASSE.

GAW GAW GAW GAW

574B

SI, SI ! MALGRÉ LE COURRIER EN RETARD, IL S'ÉTAIT DÉBROUILLÉ POUR PARTIR EN VACANCES...

TIENS ?! LES GENS DES VILLES, ILS SE COUCHENT POUR TRAIRE !

OAH ! C' QUE VOUS ÊTES BRONZÉE !

VOUS TROUVEZ ? HIHIHI !...

FFUUIIIITT ! TU ES DRÔLEMENT BRONZÉ, LEBRAC !

OUI, MAIS TOI, TU SERAIS PLUTÔT DU GENRE FROMAGE BLANC... IL N'Y AVAIT PAS DE SOLEIL DE TON CÔTÉ ??

BIN SI...

?

...M'ENFIN, TU VEUX BIEN QUE JE LES FLAMBE, CES CRÊPES, DIS? RÉPONDS-MOI **OUI** OU **NON** !

CRRITSSCHII!

NON

C'EST PAS UNE RÉPONSE, ÇA !

...CHAQUE FOIS QUE VOUS FLAMBEZ DES CRÊPES, C'EST UNE CATASTROPHE !...MAIS C'EST FINI, ÇA, **NÉRON** !

HÉ ! PRUNELLE ! TU VAS RATER LE CORTÈGE OFFICIEL... LES PREMIERS MOTARDS PASSENT...

APRÈS TOUT, MES CRÊPES, C'EST PAS SES OIGNONS... JE LES FLAMBE.

TSSCHII

582 A

M'ENFIN !?

WOUF

??

FFFOUISCH

C'EST QUOI, ÇA ??

AH.OUI ! LES COMPLICES POUR LA CONFRONTATION...

...VOUS ÊTES FLAMBÉS, MAINTENANT, FAUT PARLER !

...C'EST BIEN ESSAYÉ : CELA A EXPLOSÉ À TROIS MÈTRES DE LA VOITURE DU PRÉSIDENT, MAIS QU'EST-CE QUE C'ÉTAIT ??

OUI, TA RECETTE, MON GARS ?

BIN, VOUS FAITES UNE PÂTE À CRÊPES... PUIS FAUT DU SUCRE DU JUS D'ORANGE...MAIS C'EST LE GRAND MARNIER QUI...

C'EST QUI, ÇA, LE GRAND MARNIER, HMM ?... C'EST TON CHEF ?...

582 B

AH ! UN AUTRE S'EST JETÉ DANS L[A] SOURICIÈRE ?...SON COMMENT ?...DE MES[...]KER ?...BON...UNE S[...] PLEINE DE TEXTES ?...[...] TRACTS, C'EST SÛR[...] **AU SECRE**[...]

Franquin

ON DIT QUE JE SUIS PARESSEUX... ET VOILÀ QUE JE VAIS TRAVAILLER MÊME LA NUIT...!...

JE SUIS LA GAFFE...

LE PALAIS DE LA PORCELAIN...

AH!.C'EST VOUS... BON! AVANT TOUT, SACHEZ QU'ICI ON NE FAIT AUCUN GESTE BRUSQUE... LE RISQUE EST PARTOUT...

...MAIS VOUS M'AVEZ L'AIR D'ÊTRE UN CALME... AAAAH!!! PRENEZ GARDE!!! AVEC UN SAC, ON A VITE FAIT DE BOUSCULER UNE PIÈCE...

...AH! JE SUIS BRISÉ DEPUIS QUE MON VEILLEUR DE NUIT M'A LAISSÉ TOMBER...

POURQUOI? IL N'ÉTAIT PAS DANS SON ASSIETTE? OAAH!

SES NERFS ONT CRAQUÉ

...C'EST GENTIL À VOUS D'ÊTRE VENU...

BOH! 'FAUT PAS EN FAIRE UN PLAT HAHAAÄ!

583 A

...ICI, VOYEZ BIEN OÙ VOUS METTEZ LES PIEDS... UNE SECONDE D'INATTENTION, ET...

...ET C'EST DANS LE PLAT QU'ON LES MET... PFFOUH...!

ÇA VOUS FAIT RIRE?

AUX ÉCLATS! HIHIHI...

IL Y A DANS CETTE RÉSERVE DES SERVICES EN LIMOGES...

FRAGILE

...ET DU CRISTAL DE BOHÈME POUR UNE FORTUNE... IL S'AGIT DE VEILLER SUR TOUT ÇA...!.. PAS QUESTION DE DORMIR, HEIN... VOUS N'ÊTES PAS UN DORMEUR, J'ESPÈRE?...

POUR ÇA, J'Y AI PENSÉ! VOUS, VOUS POUVEZ DORMIR SUR VOS DEUX OREILLES, J'AI UN TRUC...

...JE NE M'ENDORS JAMAIS QUAND JE JOUE À CECI

Franquin IDÉE: BRIGITTE.

583 B

...JE PERDAIS MON TEMPS À CHERCHER DES CIRES POUR LES SOLS PLASTIQUES. VOICI LE PRODUIT MIRACLE!

... DEMAIN, JE LE FAIS BREVETER: L'EXPÉRIENCE DÉFINITIVE EST EN COURS, À LA RÉDACTION, EN CE MOMENT MÊME...

IL N'Y A DÉJÀ PLUS PERSONNE DANS CES BUREAUX?! ILS NE RISQUENT PAS LE SURMENAGE, ICI!

...PARCE QUE C'EST UNE FORMULE AUDACIEUSE: QUAND ON ÉTEND LE PRODUIT, LE PLASTIQUE **FOND** EN SURFACE ...

...DÉSERT, ICI AUSSI... INUTILE DE M'ATTARDER ...

585

ÉVIDEMMENT, À PARTIR DE CE MOMENT, FAUT PAS TOUCHER!

J'IMAGINE ...

??

MAIS!? RRÄÄH!

PLITCH

... AU BOUT D'UN TEMPS, LE PLASTIQUE SE MET À SÉCHER, ET EN DEUX MINUTES, IL DEVIENT LISSE COMME UN MIROIR ET DUR COMME DE LA PIERRE!

NON!?

SI!

EH BIEN, TOI, POUR TOUT CE TRAVAIL, UN JOUR, ON T'ÉRIGERA UN MONUMENT ...

CONTRATS

585 B

Franquin

LAGAFFE, LE CHAUFFE-EAU DU PETIT VESTIAIRE EST EN PANNE...IL COULE ET FAIT DES BRUITS INQUIETANTS...

...ALORS VOUS APPELEZ LE PLOMBIER... QU'IL VIENNE ARRANGER ÇA LE PLUS VITE POSSIBLE...

MON PAUVRE PRUNELLE!

...PUISQUE TU PARLES DE PLOMBIER, 'M'EN VAIS TE DONNER UN BON TUYAU, MOI! HIHIHA!

...NE JAMAIS APPELER PERSONNE POUR TOUS CES PETITS TRAVAUX QU'ON PEUT FAIRE SOI-MÊME...

MAIS... EUH... CECI N'EST-IL PAS UN BOULOT DE SPÉCIALISTE?...

...LES SPÉCIALISTES? IL Y A UNE CHOSE QU'ILS FIGNOLENT, C'EST LA FACTURE... ET SI TU CROIS QU'ILS S'Y CONNAISSENT!...

...BON! PRIMO, NETTOYER LES VIS PLATINÉES... ENSUITE, DÉMONTER LE CARBURATEUR...

586

HÉHO! ÇA MARCHE, LES ENFANTS... ET JE VOUS PROMETS QU'IL EST RÉGLÉ POUR QUE ÇA CHAUFFE!

POOM

HOUUULALAAAA! IL DOIT AVOIR UNE DEMI-DOUZAINE DE FRACTURES! LEBRAC, VA VITE ACHETER BEAUCOUP DE PLÂTRE... ON VA LUI ARRANGER ÇA...

AH OUI! ET QUELQUES OUTILS... MARTEAU, VILEBREQUIN, BREF, DE QUOI BRICOLER...

JE VEUX UN MÉDECIN!

MAIS, LAGAFFE, VOUS N'IMAGINEZ PAS LES PRIX QUE DEMANDE UN SPÉCIALISTE!!

MAIS... JE VOUS JURE... IL N'A RIEN... C'EST UNE FARCE...

586

Franquin

MAIMAIMAIS ! C'EST MONSIEUR DE MESMAEKER !... EUH... BELLE JOURNÉE D'ARRIÈRE-SAISON... HÉHÉ...

QUELLE JJJOLIE VOITUUURE VOUS AVEZ LÀ !

AH ! OUI ? C'EST MA FILLE QUI M'A PRÊTÉ LA SIENNE... MA FILLE CADETTE... L'AÎNÉE, ELLE, NE VEUT QUE DES ALFA...

COMME ON DEVINE QUE CES ENFANTS VOUS SONT CHÈRES !

...MAIS AU FAIT... ICI, VOUS ÊTES À DEUX PAS DE NOS BUREAUX... NOUS FEREZ-VOUS LE PLAISIR ...

EH BIEN, JE PASSE À MA BANQUE, ET JE SUIS CHEZ VOUS DANS UNE DEMI-HEURE ...

YAKHOUU !

LES CONTRATS ! ÉLOIGNER, LAGAFFE !

C'EST BIEN VRAI, DIS ? C'EST BIEN VRAI ?

MAIS OUI, VOUS EN MOUREZ D'ENVIE : CONGÉ SPÉCIAL POUR VISITER LE SALON DE L'AUTO !

...ET IL A AJOUTÉ : JE VOUS DONNE LE FEU VERT !

YIPIIII !

RRRRRAHPETT PAF

SCHTONC

M'ENFIN ?!

EUUUHH... HÉHÉ... BELLE JOURNÉE, HEIN, POUR LA SAISON...... AU FOND, C'EST PAS MAL, UNE DÉCAPOTABLE...

...TU ES CERTAIN QUE C'EST PERMIS, ICI ?...

BEN, QUOI ? C'EST UN CHAMP D'AVIATION, NON ?

ATTENTION ! NE JAMAIS OUBLIER DE COLLER UNE ÉTIQUETTE AVEC TES NOM ET NUMÉRO DE TÉLÉPHONE...

AH, OUI ! SI L'APPAREIL S'ÉGARE...

...PARFOIS, CELUI QUI L'A TROUVÉ TÉLÉPHONE GENTIMENT...

NE BOUGEONS PLUS : J'ENVOIE L'ÉTINCELLE...

ZWOUF

PFOUH ! IL EST DIFFICILE À CONTRÔLER !

M'ÉTONNE PAS : LE GOUVERNAIL EST ICI...

589A

...BEN, VOILÀ ! IL EST PERDU...

TU AS INSCRIT LE NUMÉRO DE TÉLÉPHONE... SOIS OPTIMISTE : TU AS UNE CHANCE SUR UN MILLION...

UNE DEMI-HEURE PLUS TARD...

JULES !

TU PARLAIS DE CHANCE ! MON AVION EST DÉJÀ RETROUVÉ !!!

...ET C'EST INOUÏ : LE GARS EST UN HAUT PLACÉ DANS L'AVIATION !!

VOILÀ CE QUI S'APPELLE BIEN TOMBER !

ALLO ?... IL N'EST PAS TROP ABÎMÉ, AU MOINS ?... IL N'EST PAS ARRIVÉ EN TERRAIN TROP DUR ?... DITES-MOI... OÙ A-T-IL TOUCHÉ, AU JUSTE ?... ALLO ?...

QUAND ON Y TOUCHE, IL HURLE...

JE N'OSE PAS LUI PARLER D'UNE PIQÛRE D'ANESTHÉSIQUE...

589B

Franquin

JE NE SAIS PAS CE QU'IL PRÉPARE, MAIS TOUS LES MATINS, IL FAIT DE PUISSANTS EXERCICES RES-PIRATOIRES...

PCHÎÎÎÎP

GARGOULIGORLOGLOU RRRÖÖGLORGOGIGLLR

...IL SOIGNE SES CORDES VOCALES...

HOHAHOUHAH!

QU'EST-CE QUE C'EST?

MEUNON, JE NE ME SUIS PAS FAIT MAL...!...M'ENFIN, VOUS N'AVEZ JAMAIS ENTENDU QUELQU'UN FAIRE DES VOCALISES???

...DES MUSIQUES, DES DISQUES, DES PARTITIONS...

LALALAAA LA LALAAAA

...AH OUI, POUR ENREGISTRER ...À SIX HEURES AU STUDIO?... NOUS Y SERONS...

!!

INCROYABLE, MAIS VRAI : GASTON SE PRÉPARE À FAIRE CARRIÈRE DANS LA CHANSON!!

QUAND JE VOIS UN'TACHE SUR MON BEAU NAPP'RON, DAR'DAR'JE LES LÂCHE, MES ENZYM'S GLOUTONS

GNAPGNAPGNAP! GNAPGNAPGNAP!

56

STOP, LEBRAC ! TU NE DÉJEÛNES PAS EN VILLE : PRUNELLE N'EST PAS ICI, AUJOURD'HUI JE PEUX CUISINER !...

AïEAAHNONNONNON !
EUH...JE NE VEUX PAS TE DONNER DU TRAVAIL...

TUTUTT ! TOUT EST SUR LE FEU DEPUIS LONGTEMPS ...UN CASSOULET DU TONNERRE !

UN CASSOULET... EN BOÎTE ?

OUI EN BOÎTE

ALORS ÇA VA...

GLOGLOUP

PUF

PCHHH

...OUI, TU VOIS, QUAND PRUNELLE S'EN VA, J'EN PROFITE POUR POUSSER UN PEU MES EXPÉRIENCES ...

EUH, LAGAFFE, FRANCHEMENT...J'AIMERAIS QUE TU SÉPARES NETTE-MENT LA CUISINE DE LA CHIMIE...

...TU COMPRENDS, EUH... TOUS CES PRODUITS TOXIQUES, MOI, JE...

PFFFP

POP

BOOOOHH ! UN CASSOULET QUI CUIT AU BAIN-MARIE, ÇA NE RISQUE RIEN, SOT !

SOIS TRANQUILLE, JE LE METS ICI, SUR L'AUTRE RÉCHAUD...

...NE TE VEXE PAS, MAIS ... TA CHIMIE ME REND NERVEUX...JE ME SOUVIENS DE CERTAINES EXPLOSIONS ...

PCHIP

GLOGLOU GLORP

FLUP

PCHHI!

...D'AILLEURS, SNIF ! IL Y...Y...Y A UNE ODEUR SNIF...COMME QUAND DU MÉTAL CHAUFFE À BLANC !...

MEUUNON !...ALLONS, ES-TU PRÊT POUR LE CASSOULET ?

BOUM

IL ...IL...IL Y AVAIT LA ...LA... LA LITTÉRATURE FANTASTIQUE ET LES FILMS D'HORREUR... LUI...LUI...IL A INVENTÉ LA CUISINE D'ÉPOUVANTE !

EH BIN, OUI, J'AI OUBLIÉ DE METTRE DE L'EAU DANS LE BAIN-MARIE, C'EST TOUT...

Franquin

AH!... HOO, HÉ! DE...DE MESMAEKER EST ICI... ARRIVE À L'IMPROVISTE ... LES...LES...CONTRATS VONT ÊTRE SI...SI...SI...SIGNÉS SI...SI DANS LES DIX MINUTES QUI VIENNENT, L'ABOMINABLE HOMME DES GAFFES NE SE MONTRE PAS ...

SOIS CALME!

...SI TU LE VOIS, TU L'ASSOMMES, TU LE LIGOTES, TU LE BAILLONNES ET TU CACHES LE CORPS DANS UN PLACARD ...

SI JE COMPRENDS BIEN, TU PRÉFÈRES NE PAS LE VOIR POUR L'INSTANT...

BOM BOMBOM BOM BOM

GRRRMHBL GRRMBBLLM!

RROSNN TUDJUU!

OUI!

...JUSTE LE TEMPS D'ACCROCHER À CE CLOU L'HORLOGE DE L'ÈRE SPATIALE!

CECI, MESSIEURS, SERA AUX ANNÉES 70 CE QUE LE COUCOU ÉTAIT AU TEMPS DE GRAND-PAPA

LAGAFFE, DÉCROCHEZ CET OBJET RIDICULE ET SORTEZ!

NON, MAIS REGARDEZ BIEN: C'EST UNE MINIATURE EXACTE DE CABINE APOLLO ...

BIPBIP BIPBIP BIPBIP

AH! TROIS HEURES: VOICI LE COSMONAUTE

HI HIHIHI! HIHOHOHA! HAHAHAÂ! MAIS C'EST TRÈS AMUSANT! DITES, VOUS N'AVEZ JAMAIS PENSÉ À FABRIQUER ÇA EN SÉRIE ?...ON EN VENDRAIT!

...ON L'APPELLERAIT...EUH...LE COSMO-COUCOU! ET IL FAUT UN SLOGAN... OUI...EUH...

EUH... MONSIEUR DE MESMAEKER...JE VOUS RAPPELLE NOS CONTRATS ...

"L'HORLOGE EN AVANCE SUR SON TEMPS!"...

EH BIEN! DONNEZ-LES-MOI, JE VAIS LES UTILISER...

...AU VERSO, POUR FAIRE LE BROUILLON ...

...DU CONTRAT QUE JE PASSE AVEC LAGAFFE, INVENTEUR D'UNE HORLOGE MURALE... ARTICLE PREMIER: ...

SNIF!

MON PAUVRE VIEUX, C'ÉTAIT PAS TON HEURE ...

BIP CRAC BIP CRAC

604

Franquin

BIN !
JE SUIS CONTENT
DE TE VOIR...TOI, AU MOINS,
TU ME FAIS
UN LARGE SOURIRE
...

CHOISIS LES ALBUMS DE TES PERSONNAGES PRÉFÉRÉS DANS NOS AUTRES COLLECTIONS EN VENTE DANS TOUTES LES LIBRAIRIES !

spirou

ARCHIE CASH
malik·brouyère

1. Le Maître de l'Epouvante
2. Le Carnaval des Zombies
3. Le Déserteur de Toro-Toro
4. Un Train d'enfer

ATTILA
derib·rosy

4. La merveilleuse Surprise d'Odée

BUCK DANNY
charlier·hubinon

1. Les Japs attaquent
2. Les Mystères de Midway
3. La Revanche des Fils du Ciel
4. Les Tigres Volants
5. Dans les Griffes du Dragon Noir
6. Attaque en Birmanie
7. Les Trafiquants de la Mer Rouge
8. Les Pirates du Désert
9. Les Gangsters du Pétrole
10. Pilotes d'Essai
11. Ciel de Corée
12. Avions sans Pilotes
13. Un Avion n'est pas rentré
14. Patrouille à l'Aube
15. NC 22654 ne répond plus
16. Menace au Nord
17. Buck Danny contre Lady X
18. Alerte en Malaisie
19. Le Tigre de Malaisie
20. S.O.S. Soucoupes Volantes
21. Un Prototype a disparu
22. Top Secret
23. Mission vers la Vallée Perdue
24. Prototype FX 13
25. Escadrille ZZ
26. Le Retour des Tigres Volants
27. Les Tigres Volants à la rescousse
28. Tigres Volants contre Pirates
29. Opération Mercury
30. Les Voleurs de Satellites

31. X-15
32. Alerte à Cap Kennedy
33. Le Mystère des Avions Fantômes
34. Alerte atomique
35. L'Escadrille de la Mort
36. Les Anges Bleus
37. Le Pilote au Masque de Cuir
38. La Vallée de la Mort verte
39. Requins en Mer de Chine

Tarawa, Atoll sanglant, 1re partie
Tarawa, Atoll sanglant, 2e partie

DON BOSCO
jijé

BENOIT BRISEFER
peyo

1. Les Taxis Rouges
2. Madame Adolphine
3. Les Douze Travaux de Benoît Brisefer
4. Tonton Placide
5. Le Cirque Bodoni
6. Lady d'Olphine

BOULE et BILL
roba

60 Gags de Boule et Bill 1
60 Gags de Boule et Bill 2
60 Gags de Boule et Bill 3
60 Gags de Boule et Bill 4
60 Gags de Boule et Bill 5
60 Gags de Boule et Bill 6
60 Gags de Boule et Bill 7
8. Papa, Maman, Boule... et moi
9. Une Vie de Chien
10. Attention, Chien marrant !
11. Jeux de Bill
12. Ce Coquin de Cocker
13. Carnet de Bill

la patrouille des CASTORS
mitacq·charlier

1. Le Mystère de Grosbois
2. Le Disparu de Ker-Aven
3. L'Inconnu de la Villa Mystère
4. Sur la Piste de Mowgli
5. La Bouteille à la Mer
6. Le Trophée de Rochecombe
7. Le Secret des Monts Tabou
8. Le Hameau englouti
9. Le Traître sans Visage
10. Le Signe indien
11. Les Loups Ecarlates
12. Menace en Camargue
13. La Couronne cachée
14. Le Chaudron du Diable
15. L'Autobus hanté
16. Le Fantôme
17. Le Pays de la Mort
18. Les Démons de la Nuit
19. Vingt Milliards sous la Terre
20. El démonio

CESAR
tillieux

3. Quel Métier
4. Au fil des (mauvais) Jours

GASTON
franquin

R1 Gala de Gaffes à Gogo
R2 Le Bureau des Gaffes en Gros
R3 Gare aux Gaffes du Gars gonflé
R4 En direct de la Gaffe
6. Des Gaffes et des Dégâts

7. Un Gaffeur sachant gaffer
8. Lagaffe nous gâte
9. Le Cas Lagaffe
10. Le Géant de la Gaffe
11. Gaffes, Bévues et Boulettes
12. Le Gang des Gaffeurs

M. Rectitude et GENIAL OLIVIER
devos

1. L'Ecole en folie
2. Le Génie et sa Génération
3. Génie, vidi, vici
4. Un généreux Génie gêné

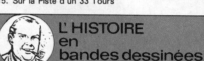

GIL JOURDAN
tillieux

1. Libellule s'évade
2. Popaïne et Vieux Tableaux
3. La Voiture immergée
4. Les Cargos du Crépuscule
5. L'Enfer de Xique-Xique
6. Surboum sur 4 Roues
7. Les Moines Rouges
8. Les 3 Taches
9. Le Gant à 3 Doigts
10. Le Chinois à 2 Roues
11. Chaud et Froid
12. Pâtée explosive
13. Carats en vrac
14. Gil Jourdan et les Fantômes
15. Sur la Piste d'un 33 Tours

L' HISTOIRE en bandes dessinées

1. L'Epopée sanglante du Far West
2. Les Mystérieux Chevaliers de l'Air
3. Incroyables Aventures d'Animaux
4. L'Enfer sur Mer
5. Les Aventuriers du Ciel

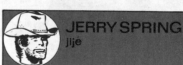

HULTRASSON
vittorio·tillieux

4. L'Eau de Politesse

JERRY SPRING
jijé

1. Le Duel
2. Les Vengeurs du Sonora
3. L'Or de personne
4. Jerry contre KKK

JESS LONG
piroton·tillieux

1. Le Bouddha écarlate et Les Nouveaux Négriers
2. Les Ombres du Feu

JOHAN et PIRLOUIT
peyo

1. Le Châtiment de Basenhau
2. Le Maître de Roucybeuf
3. Le Lutin du Bois aux Roches
4. La Pierre de Lune
5. Le Serment des Vikings
6. La Source des Dieux
7. La Flèche Noire
8. Le Sire de Montrésor
9. La Flûte à Six Schtroumpfs
10. La Guerre des 7 Fontaines
11. L'Anneau des Castellac
12. Le Pays Maudit
13. Le Sortilège de Maltrochu